I0841738

7:15

ANNE - DE LA RUMINATION À LA LÉGÈRETÉ D'ESPRIT

Dieter Jeromin

ISBN: 9798871979594

À tous ceux qui, comme Anne,
luttent chaque jour contre la rumination.

À vous qui êtes épuisés de tourner en rond dans votre esprit,
qui voudriez tellement lâcher prise,
mais qui ne savez comment vous en sortir.

À vous qui méritez de goûter
à la légèreté et la sérénité.

Puissiez-vous trouver dans ces pages réconfort et espoir.
Qu'elles vous donnent la force d'avancer
et de vous libérer des chaînes de vos pensées.

Le bonheur n'est pas une illusion. Il est à portée de main.
Il suffit d'y croire et de vous faire confiance.

Alors n'abandonnez pas, continuez à espérer.
Votre paix intérieure n'est qu'à quelques pages...

1

Le réveil sonne pour la troisième fois. Anne émerge péniblement de sous la couette, les yeux encore gonflés de sommeil. Elle tend le bras pour éteindre l'alarme stridente. 7 h 15. Le début d'une nouvelle journée qu'elle appréhende déjà.

Anne s'extirpe du lit et se traîne jusqu'à la salle de bain. Dans le miroir, elle fait face à son reflet hagard. Elle a 30 ans, mais en paraît au moins 5 de plus ce matin. Ces cernes et ce teint pâle sont le prix à payer après une nuit agitée. Encore une fois, Morphée l'a fuie…

Sous la douche brûlante, Anne tente de s'éveiller tout en planifiant sa journée. Réunion à 9 h, rendez-vous client à 11 h, pause déjeuner avec des collègues… Rien que d'y penser, son estomac se noue. Elle redoute déjà ces interactions sociales où elle ne sera pas à la hauteur.

Debout devant sa penderie, Anne hésite. La robe bleue ou le tailleur gris ? Elle opte finalement pour la sobriété du tailleur, peu convaincue. Un rapide coup d'œil à sa montre lui indique qu'elle est en retard. Encore. Elle attrape son sac et ses clés avant de se précipiter dehors.

Dans le métro, Anne ne peut s'empêcher de ressasser sa dernière relation amoureuse. Les mots blessants de son ex-petit ami résonnent dans sa tête, impitoyables. Perdue dans ses sombres pensées, elle manque presque son arrêt…

Installée à son bureau, Anne tente de se concentrer sur le dossier étalé devant elle. En vain. Son esprit dérive irrémédiablement vers l'échéance de midi. Cette pause déjeuner avec ses collègues l'angoisse. Que vont-ils penser d'elle ? Trouveront-ils ses blagues drôles ? Pourront-ils deviner son mal-être ?

11 h 45. L'estomac noué, Anne rassemble ses affaires et se dirige vers l'ascenseur, le pas lourd. Dans le hall, elle salue du bout des lèvres la petite troupe qui l'attend déjà. Alors qu'ils se mettent en marche, elle reste en retrait, silencieuse.

Attablés au restaurant, les conversations vont bon train autour d'Anne. Incapable de se concentrer, elle picore distraitement dans son assiette. Elle panique à l'idée qu'on lui pose une question. Que répondra-t-elle ? Et si elle disait quelque chose d'inapproprié ?

De retour au bureau, elle s'effondre sur sa chaise et pousse un profond soupir. Épuisée par ses propres tourments, elle n'aspire qu'à une chose : rentrer chez elle et s'engouffrer sous sa couette. Seule la perspective du réconfort que cela lui apportera lui permet de tenir le coup jusqu'à la fin de la journée…

Le lendemain, c'est avec appréhension qu'Anne se rend à son rendez-vous client. En chemin, elle ne cesse de se repasser mentalement tous les arguments à avancer pour vendre le nouveau produit. Et si elle n'arrivait pas à répondre aux objections du client ? Et s'il posait LA question à laquelle elle n'a pas pensé ?

Face au client, Anne se montre maladroite. Elle bafouille, perd le fil de ses idées. Le regard scrutateur de son interlocuteur la met mal à l'aise. À la fin de la rencontre, elle n'a pas réussi à conclure la vente. Sur le chemin du retour, elle ressasse inlassablement ce cuisant échec.

Le samedi suivant, ses amies organisent une soirée karaoké pour fêter l'anniversaire de l'une d'entre elles. Anne décline l'invitation prétextant un empêchement. En réalité, elle redoute de devoir chanter devant les autres. Et si sa voix tremblait ? Et si elle oubliait les paroles ? Non, décidément, elle préfère éviter ce genre de situation potentiellement humiliante.

Chez elle ce samedi soir, Anne zappe distraitement les chaînes de télévision sans parvenir à se concentrer sur un programme. Elle repense au regard déçu de ses amies quand elle a décliné l'invitation à leur soirée karaoké. Son mal-être la rattrape et l'enfonce un peu plus dans la solitude.

Le dimanche en fin de journée, épuisée par son week-end, Anne s'effondre dans son canapé. Elle repense encore et encore à sa présentation ratée du lundi matin précédent. Les regards gênés et les murmures dans la salle lorsqu'elle s'emmêlait les pinceaux la hantent. Elle revoit le visage contrarié de son patron et s'en veut terriblement. Pourquoi n'a-t-elle pas répété sa présentation la veille au lieu de regarder cette série idiote à la télé ?

* * *

Le lundi soir après le travail, elle erre dans les rayons du supermarché, incapable de choisir entre deux marques de shampoing. La composition, le packaging, le prix… Tous les détails insignifiants focalisent son attention. Au bout de 10 minutes, n'y tenant plus, elle finit par en prendre un au hasard avant de se précipiter en caisse.

Le mardi matin suivant, debout devant son placard, la même scène se répète. Anne hésite entre deux tenues sans parvenir à se décider. La jupe noire ou le pantalon gris ? Et ce haut, est-ce qu'il est vraiment adapté pour le bureau ? Les doutes l'assaillent. Agacée, elle choisit finalement la première combinaison venue avant de filer au travail.

Le mardi soir, Anne rentre épuisée du travail. Elle s'apprête à se faire à manger quand son regard est attiré par le cadre accroché de travers dans le salon. Aussitôt, elle délaisse ses fourneaux pour s'atteler à réarranger le mur entier où sont disposées quelques décorations. C'est parti pour de longues minutes de tentative d'alignement parfait des cadres, sous tous les angles, en jouant sur quelques millimètres.

Le mercredi matin, elle se lève en retard pour un rendez-vous important. En catastrophe, elle rassemble ses affaires, mais s'interrompt soudain, saisie d'un doute. Est-ce bien ce tailleur bleu marine qu'elle doit mettre pour faire bonne impression ? Elle avait pourtant tout préparé la veille, mais l'idée qu'une autre tenue serait plus appropriée s'impose à elle. Elle défait ensuite sa valise pour tout reprendre à zéro, étudiant chaque option dans les moindres détails.

Finalement, exaspérée contre elle-même, elle s'en tient à sa première idée et enfile le tailleur bleu, non sans avoir passé un long moment à lisser le moindre pli du vêtement. Elle se précipite enfin dehors, agacée d'avoir perdu un temps précieux dans des détails insignifiants. Encore une fois, son perfectionnisme aura eu raison de sa ponctualité.

Le jeudi soir, Anne est invitée à dîner chez des amis. Au moment de choisir un vin à apporter, elle est complètement paralysée devant les étalages du caviste. Rouge, blanc, sec, moelleux, français, italien... ? Les critères se bousculent sans ligne directrice. Incapable de se décider selon ses goûts, dont elle semble avoir perdu la trace, Anne finit par saisir une bouteille au hasard.

Le dîner se passe bien jusqu'à ce que la discussion aborde des sujets sentimentaux. Anne se braque alors, répondant du bout des lèvres d'un air évasif. De retour chez elle, elle tente d'analyser le malaise ressenti. Mais elle ne parvient pas à mettre des mots précis sur les émotions confuses qui l'ont envahie. Cette incapacité à comprendre ses propres réactions émotionnelles l'agace autant qu'elle l'attriste.

Le vendredi soir, elle décide de lire un roman pour se détendre. Mais là encore, impossible de savoir quel genre choisir. Policier, romance, biographie ? Sans critères pour se guider, elle navigue de livre en livre sans parvenir à se fixer sur un choix. Elle repose chaque ouvrage avec un sentiment de frustration. Décidément, se connaître soi-même semble indispensable pour faire des choix éclairés...

Samedi matin, Anne est attablée dans un café lorsqu'un serveur renverse accidentellement un peu de café sur sa veste. Agacée, Anne lui adresse un regard noir en grommelant, sans chercher à comprendre sa maladresse. De retour chez elle, elle continue de ruminer cet incident, persuadée que le serveur l'a fait exprès.

* * *

Le soir venu, elle retrouve des amies pour un dîner. La conversation dévie sur les enfants. Tandis que ses amies échangent avec enthousiasme sur leurs familles, Anne reste muette, repliée sur elle-même. Elle repense amèrement à ses échecs sentimentaux et à son désir inassouvi de maternité. Sur le chemin du retour, elle rumine sombrement cette solitude qui la ronge, sans parvenir à se concentrer sur les choses positives de sa vie.

Dimanche soir, elle feuillette son album photo, qui lui rappelle douloureusement la rupture récente avec son petit-ami. Les souvenirs heureux l'assaillent, mais elle ne parvient pas à éprouver de la gratitude pour ces moments partagés. Seuls l'amertume et le ressentiment l'habitent. Elle ressasse inlassablement les imperfections de son ex, sans la moindre empathie.

2

Assise sur son canapé, Anne fixe d'un regard vide la lettre de licenciement posée sur la table basse. Les mots résonnent encore douloureusement dans sa tête : « Nous sommes au regret de vous annoncer votre licenciement pour faute professionnelle… ».

Comme un zombie, elle se lève et se traîne jusqu'à la salle de bain. Ses gestes sont mécaniques alors qu'elle se prépare pour la nuit. L'esprit embrumé, elle repasse le film des dernières semaines. Où a-t-elle fait erreur ? Elle revoit le visage de ses collègues, se demandant qui a bien pu la dénoncer à sa hiérarchie.

Le réveil est brutal le lendemain. La réalité de la situation lui saute au visage. Licenciée. Le mot résonne dans son crâne, lancinant. Debout dans la cuisine, elle fixe sans les voir les annonces immobilières étalées sur le comptoir. Pourra-t-elle assumer son loyer désormais ?

Soudain prise de panique, elle s'habille à la hâte et se précipite à l'agence pour l'emploi. L'idée de se retrouver sans ressource, isolée chez elle à ruminer lui est insupportable. Il lui faut une solution, vite. Coûte que coûte, elle doit rebondir.

La tête basse, Anne quitte l'agence pour l'emploi, serrant dans sa main le maigre dossier qui résume sa carrière. L'entretien n'a pas duré plus de 20 minutes, mais il a suffi à lui ôter tout espoir. Avec son profil ultraspécialisé, les opportunités semblent bien rares.

Sur le chemin du retour, Anne lutte pour refouler ses larmes. Arrivée chez elle, elle jette rageusement son dossier sur la table. Un rapide calcul lui confirme que ses maigres économies ne lui permettent pas plus de 3 mois de répit. La pression monte, l'étouffe.

Le reste de la journée, elle rumine en tournant en rond dans son appartement, tentant en vain de ordonner ses pensées. Elle se revoit, jeune diplômée, pleine d'énergie et d'ambition. Que reste-t-il de cette Anne lumineuse ? Seule avec elle-même, elle prend conscience du temps perdu à se lamenter au lieu d'agir.

Le soir venu, elle s'installe enfin à son bureau, déterminée. Il lui reste une chance : miser sur ses compétences pour se réinventer. Elle ouvre son ordinateur et commence à lister méthodiquement tous ses talents et centres d'intérêt. Il est temps de renouer avec ses aspirations profondes.

Suite à son licenciement, Anne a touché le fond. Seule dans son appartement, ruminant inlassablement ses échecs, elle a sombré dans une profonde déprime. Ses journées sont devenues un brouillard instable, oscillant entre phases d'apathie, de doute de soi et de pleurs.

Un matin, la sonnerie stridente de son réveil la sort

brutalement de sa torpeur. Une pensée fuse : « Je ne peux plus continuer comme ça ». Elle réalise alors qu'elle a trop longtemps laissé ses pensées obsessives et stériles dicter sa vie. Cette prise de conscience est un électrochoc. Elle décide qu'il est temps de se battre.

Dans un sursaut d'énergie, Anne bondit hors de son lit et ouvre grand les fenêtres. Une bouffée d'air frais lui emplit les poumons. Dehors, les premiers rayons du soleil percent à travers les nuages. Cette vision lui insuffle un sentiment d'espoir qu'elle croyait perdu. Elle sait maintenant que le chemin sera long, mais elle est prête à faire les efforts.

Elle commence par ranger son appartement, jetant les emballages de plats à emporter qui traînent depuis des semaines. Ce petit geste lui procure un sentiment de contrôle bienvenu. Puis elle fixe un rendez-vous chez le médecin, consciente qu'elle ne pourra remonter la pente seule. Ses pensées anxiogènes l'ont épuisée, mais elle est déterminée à apprendre à les maîtriser.

Le combat ne fait que commencer, mais Anne sent au fond d'elle une force insoupçonnée se réveiller. Elle est prête à affronter ses démons et à reprendre sa vie en main.

Déterminée à ne plus se laisser engloutir par ses pensées parasites, Anne décide d'agir. Elle commence par tenir un journal de bord pour identifier les déclencheurs de ses ruminations. Progressivement, elle réalise que ces dernières surviennent souvent lorsqu'elle est inactive.

Armée de cette prise de conscience, elle structure ses journées pour les remplir d'activités enrichissantes. Le matin, elle entame sa routine par 20 minutes de yoga, appréciant la pleine conscience du moment présent que cela procure. Les week-ends, elle initie de nouveaux hobbies stimulants comme la poterie ou la photo.

Le soir, elle consacre 30 minutes à tenir son journal de gratitude. En consignant par écrit ses joies quotidiennes, elle réalise la multitude de choses dont sa vie regorge. Cet exercice l'aide à combattre sa tendance au pessimisme et à l'autocritique.

Bien sûr, la bataille n'est pas gagnée. Certains jours, malgré tous ses efforts, l'appel des ruminations se fait sentir. Dans ces moments, elle s'accorde de l'indulgence. Sans culpabiliser, elle laisse ses pensées vagabonder, sachant qu'elles finiront par passer.

Progressivement, les spirales de ruminations s'espacent et perdent leur emprise. En résistant à l'inaction et à la négativité, Anne regagne peu à peu une maîtrise sur son mental. Les efforts commencent à payer. Un nouvel équilibre se dessine enfin.

Les efforts d'Anne pour combattre ses ruminations portent leurs fruits. Petit à petit, elle apprend à lâcher prise face à l'incertitude de la vie. Lorsqu'elle ne peut prédire l'issue d'une situation, au lieu de s'en inquiéter, elle se concentre sur ce qu'elle peut contrôler : ses actions et réactions.

De même, elle réalise que la perfection n'existe pas. Dans ses projets personnels, au lieu de se lamenter sur quelque chose d'imparfait, elle se focalise sur les aspects positifs et sur ce qu'elle peut améliorer la prochaine fois. Cette acceptation de l'incertitude et des défauts lui enlève un poids des épaules.

* * *

Parallèlement, Anne réapprend à apprécier les plaisirs simples qui émaillent son quotidien. Le matin, elle prend le temps de siroter son café sur le balcon, bercée par le chant des oiseaux. Le soir, elle savoure un bain relaxant parfumé, au lieu de ressasser sa journée.

Les week-ends, elle part en balade dans la nature, là où le calme ambiant l'aide à faire le vide dans son esprit. Le soir, elle allume une bougie parfumée et se plonge dans un bon roman, goûtant pleinement ce moment sans se sentir coupable.

Progressivement, Anne redécouvre la joie dans les petites choses. Elle réalise à quel point la vie regorge de plaisirs simples, disponibles à qui veut bien les cueillir. Désormais, elle les savoure pleinement, avec gratitude.

Malgré ses efforts, Anne peine à retrouver un emploi dans son domaine de compétences. Après des semaines de recherches infructueuses, elle doit se rendre à l'évidence : le marché du travail ne lui offre aucune perspective à court terme.

Bien que durement touchée, Anne réalise qu'il s'agit d'une circonstance qu'elle ne peut ni contrôler ni influencer. Elle décide alors courageusement d'explorer une nouvelle voie : l'entrepreneuriat.

Anne commence à étudier sérieusement la possibilité de se mettre à son compte. Après avoir identifié ses forces, elle effectue des recherches approfondies sur les secteurs porteurs et étudie diverses formations. Rapidement, une évidence s'impose : internet regorge d'opportunités pour qui est prêt à persévérer.

* * *

Galvanisée par cette prise de conscience, Anne met en place un plan d'action détaillé. Elle commence à créer un site web pour promouvoir ses services de conseil. Parallèlement, elle s'inscrit à des cours en ligne sur le marketing digital. Bien que l'incertitude demeure, Anne garde le cap, déterminée à saisir sa chance.

Jour après jour, elle œuvre avec patience pour faire croître son activité naissante. Les débuts sont difficiles, mais Anne persévère. Peu à peu, ses efforts commencent à porter leurs fruits. Pour la première fois depuis longtemps, elle entrevoit un avenir plein de promesses.

Séduite par les promesses alléchantes de certains gourous du web, Anne est d'abord tentée d'investir dans leurs formations onéreuses pour devenir une entrepreneure à succès. Ces coachs vantent une vie de rêve, faite de liberté, de voyages et de gros revenus.

Cependant, en y regardant de plus près, Anne se montre méfiante. Elle creuse pour examiner les chiffres réels derrière ces belles histoires et découvre que seul un infime pourcentage des apprentis entrepreneurs parviennent à gagner leur vie ainsi.

En faisant le ratio entre le nombre d'élèves et le nombre de ceux qui réussissent grâce à ces formations, le constat est sans appel : le rendement est nettement inférieur à celui d'autres placements financiers bien plus sûrs.

Anne comprend alors que ces coachs profitent surtout de l'appât du gain facile pour s'enrichir sur le dos de personnes désespérées comme elle. Refusant de se laisser avoir par ces belles paroles, Anne décide d'explorer d'autres voies, en misant sur ses compétences et non de fausses promesses.

Progressivement, à force de persévérance, elle bâtit patiemment son activité, sans céder aux sirènes des solutions miracles. Son pragmatisme et sa prudence finissent par payer. Ses efforts constants lui permettent de gagner sa vie petit à petit, loin des illusions de ces gourous.

3

En examinant de plus près les formations proposées par ces gourous, Anne réalise rapidement que leurs soi-disant « enseignements précieux » ne contiennent rien d'original.

En comparant les différents programmes, elle constate qu'ils reprennent tous à peu près les mêmes idées, disponibles gratuitement sur internet pour qui sait chercher. Ces coachs se copient et s'inspirent entre eux sans vergogne.

Pourtant, ils n'hésitent pas à vendre leurs formations à prix d'or, en utilisant des techniques marketing agressives pour donner l'illusion d'une affaire en or. Anne comprend que derrière ces belles promesses se cachent en fait des combines pour extorquer de l'argent à des personnes vulnérables, séduites par le mirage de la réussite facile.

Déterminée à ne pas tomber dans ce piège, Anne préfère miser sur le travail acharné et l'originalité. Patiemment, en poussant sa réflexion, elle élabore ses propres idées et méthodes. Sans céder aux raccourcis trompeurs, elle construit consciencieusement son projet entrepreneurial.

* * *

Cette intégrité et ce sens critique lui permettent d'avancer à son rythme, en restant fidèle à ses valeurs. Grâce à sa lucidité, elle évite les fausses routes qui auraient pu lui coûter très cher.

Ce matin-là, Anne est attablée dans un café quand le serveur renverse accidentellement quelques gouttes de café sur sa veste. Agacée, Anne lui adresse un regard noir en maugréant, sans chercher à comprendre sa maladresse.

Plus tard dans la journée, elle ressasse encore cet événement insignifiant, imaginant que le serveur l'a fait exprès. Les propos anodins des autres la chagrinent et restent gravés dans son esprit, alimentant ses ruminations sans fin.

Le soir venu, elle met un temps infini à choisir une tenue pour retrouver des amis au restaurant, hésitant entre deux robes quasiment identiques. Elle finit par opter pour la première, mais continue de douter de son choix durant toute la soirée.

Rentrée chez elle, elle constate avec agacement que son salon est mal agencé. Elle passe deux heures à déplacer tables basses et lampes de quelques centimètres, à la recherche d'un agencement impossible à atteindre. Épuisée, elle finit par abandonner, frustrée.

Hier soir, Anne a passé 3 heures à éplucher les descriptifs de différents modèles de smartphones, afin de choisir celui qui lui conviendrait le mieux. Perdue face à cette multitude d'informations, elle s'est couchée sans avoir pris de décision, bloquée dans une paralysie d'analyse.

Au travail, Anne irrite souvent ses collaborateurs en

remettant sans cesse en question des aspects de leurs projets, à la recherche d'une solution idéale improbable. Son perfectionnisme exacerbe ses ruminations, car rien ne lui semble jamais assez bien.

Lorsque vient le moment de s'engager dans une relation amoureuse, Anne, indécise, se dérobe. Elle repousse chaque prétendant, invoquant un manque d'affinités. En réalité, faute de valeurs claires, elle est incapable de reconnaître ce qui compte vraiment pour elle dans un partenaire.

Hier soir, une amie proche a annoncé à Anne qu'elle déménageait à l'étranger. Bouleversée, Anne est restée silencieuse, incapable de nommer l'immense tristesse qu'elle ressentait. Au lieu de partager ses émotions, elle a prétexté la fatigue et est rentrée ruminer seule chez elle.

Le week-end dernier, sa sœur lui a rendu visite. Mais Anne, focalisée sur les imperfections de leur relation, n'a cessé de ressasser de vieilles rancœurs. Elle n'a pas su exprimer de gratitude pour ce moment partagé, manquant une occasion de se rapprocher.

Lorsque Anne interagit avec d'autres personnes, elle peine à faire preuve d'empathie. Lorsqu'elles commettent des erreurs ou ont un comportement qu'Anne désapprouve, elle juge avec sévérité plutôt que de chercher à comprendre leurs motivations. Ses réactions irritées renforcent son ressenti négatif.

Suite à son licenciement, Anne décide qu'il est temps d'apprendre à lâcher prise sur ses ruminations toxiques. Elle commence à pratiquer la méditation de pleine conscience chaque matin. En se concentrant pleinement sur sa respiration et les sensations de son corps, elle parvient petit à petit à savourer l'instant présent, sans ressasser inutilement le passé.

Elle a également commencé à tenir un journal pour identifier ses schémas de pensées négatives. En notant les déclencheurs de ses ruminations, elle prend conscience de certains automatismes malsains. Par exemple, elle constate qu'elle a tendance à broyer du noir lorsqu'elle est inactive.

Grâce à ces nouvelles pratiques, Anne apprend à connaître les mécanismes de son esprit. Mieux armée, elle peut désormais anticiper ses ruminations et les stopper avant qu'elles ne s'emballent. Ces changements subtils l'aident à reprendre le contrôle et à retrouver une sérénité depuis longtemps perdue.

Hier, Anne a passé la soirée à ressasser une remarque anodine d'une ancienne collègue. Ce commentaire insignifiant n'a cessé de tourner en boucle dans son esprit, l'empêchant de trouver le sommeil.

Le week-end dernier, elle a tergiversé pendant des heures dans un magasin de vêtements, hésitant entre deux pantalons quasi identiques. Épuisée par cette indécision, elle est finalement repartie les mains vides.

Anne prend conscience du temps et de l'énergie perdus à se perdre dans ces ruminations stériles. Ces heures gaspillées sont autant d'opportunités manquées de vivre des expériences épanouissantes. À force de ressasser le passé et d'angoisser pour le futur, elle oublie de savourer l'instant présent.

Désormais, elle s'efforce d'identifier le début de ses spirales de pensées négatives pour les stopper net. Elle se recentre sur le moment, en pleine conscience. Petit à petit, elle apprend à lâcher prise et à profiter de chaque précieuse seconde.

Depuis quelque temps, j'essaie de prendre du recul sur mes pensées envahissantes. Je les considère comme un jardin qu'il me faut cultiver avec soin. Lorsque des ruminations négatives surgissent, je les arrache comme de mauvaises herbes. À la place, je m'efforce de faire pousser de nouvelles pensées positives.

Par exemple, quand je sens mon esprit tourner en rond, je me fixe un objectif précis pour passer à l'action. Hier, bloquée depuis des heures devant un rapport, j'ai décidé de me lever pour faire une petite promenade et prendre l'air. Ce simple changement d'air a suffi à me revigorer et à me concentrer à nouveau.

Je commence tout juste à expérimenter ces techniques. Apprendre à jardiner dans les méandres de mon mental n'est pas chose aisée ! Mais je sais que la persévérance finira par payer. Un pas après l'autre, je progresse vers une pensée plus saine, libérée du poids de mes ruminations.

J'ai réalisé que je devais apprendre à me donner la permission d'être imparfaite. Trop longtemps, je me suis mis une pression énorme, voulant tout contrôler. Aujourd'hui, j'essaie d'accepter que je ne peux pas tout prévoir, et que l'incertitude fasse partie de la vie.

Je m'autorise à prendre des décisions sans passer des heures à tout analyser. Même si je me trompe, ce n'est pas grave. Chaque expérience est bonne à prendre, qu'elle soit positive ou non. L'échec n'est pas une fin, juste une occasion d'apprendre.

Petit à petit, je lâche prise sur le besoin de perfection qui me rongeait. Je m'accorde la permission d'essayer, tout simplement, sans filet de sécurité. C'est terrifiant parfois, mais tellement libérateur ! Je me sens revivre, stimulée par l'inconnu plutôt que paralysée.

Accorder des permissions à mon esprit torturé n'est pas chose aisée après tant d'années. Mais je sais que c'est la clé pour avancer sereinement, sans le poids de mes ruminations. Un jour à la fois, j'apprends à lâcher prise.

Récemment, j'ai pris conscience de l'importance de définir mes valeurs personnelles pour guider mes choix. Par exemple, la bienveillance est une valeur clé pour moi.

Avant d'accepter un rendez-vous, je me demande si la personne semble gentille et attentionnée. Cela m'aide à écarter rapidement les profils incompatibles avec cette valeur.

L'authenticité est une autre de mes valeurs fondamentales. Plutôt que de me conformer aux attentes des autres, je reste fidèle à mes aspirations. C'est pourquoi j'ai décliné un poste prestigieux, mais qui ne me correspondait pas.

Identifier mes valeurs m'apporte de la clarté. Je me sens alignée avec moi-même lorsque mes choix reflètent qui je suis vraiment. Bien sûr, je suis encore en chemin pour vivre pleinement selon mes principes. Mais ce cadre me guide vers plus de cohérence et de sérénité.

Après des années de dureté envers moi-même, j'apprends petit à petit l'autocompassion. Je réalise à quel point je peux être exigeante, presque brutale avec moi-même.

Aujourd'hui, je m'efforce de parler à mon moi intérieur avec plus de bienveillance. Je me félicite pour mes progrès au lieu de me focaliser sur mes erreurs. Quand je traverse une période difficile, je trouve les mots pour me réconforter, comme je le ferais pour une amie.

Je découvre également l'importance de m'accorder de petits plaisirs au quotidien. Prendre le temps de savourer un bain chaud, m'offrir des fleurs, prolonger ma lecture le dimanche… Autant de douces parenthèses qui nourrissent mon bien-être.

Cultiver l'autocompassion et la joie des petites choses adoucit mon rapport à moi-même. Je retrouve la sérénité en étant plus douce et aimante avec Anne. Le chemin est encore long, mais je savoure chaque petit pas.

4

J'ai récemment tenté de me lancer comme auto-entrepreneuse sur internet, motivée par ce nouveau défi. Cependant, je dois admettre que pour l'instant, je n'obtiens pas les résultats escomptés. Mon activité peine à décoller.

Dans le passé, cet échec naissant m'aurait plongée dans le désespoir et les ruminations. J'aurais ressassé inlassablement tout ce qui n'allait pas. Aujourd'hui, même si je suis déçue, j'essaie de cultiver la gratitude.

Je me focalise d'abord sur le positif : j'ai osé me lancer, concrétisé mon projet et acquis de précieuses compétences. Ces progrès sont encourageants. Je suis aussi reconnaissante du soutien de mes proches qui croient en moi et me motivent à persévérer.

Bien sûr, la déception est là. Mais je sais que le chemin vers la réussite est rarement linéaire. Les obstacles et les échecs temporaires font partie du voyage. L'essentiel est de continuer d'avancer avec sérénité.

Alors je garde espoir. Je savoure le chemin parcouru et

continue de mener vers mon rêve, un petit pas après l'autre. Avec patience et persévérance, je sais que mes efforts finiront par porter leurs fruits.

Je l'avoue, quand je vois d'autres entrepreneurs réussir là où j'échoue encore, la tentation de la comparaison me guette. Il serait facile de me décourager et de renoncer.

Mais je sais aujourd'hui que seules les comparaisons avec moi-même sont constructives. Alors je réfléchis aux progrès que j'ai réalisés. Il y a un an, je n'avais pas le dixième des connaissances que je possède maintenant. Mes premiers contenus étaient bien moins aboutis que ceux que je produis actuellement.

C'est en me concentrant sur ma propre croissance que je puise la motivation pour continuer. Mon cheminement est le seul indicateur pertinent. Chaque skill acquis est une petite victoire. Chaque jour passé à créer me rapproche un peu plus du succès.

Bien sûr, l'envie de comparaison revient parfois me titiller. Mais je la chasse rapidement pour rester concentrée sur mon parcours. Je sais que la persévérance finira par payer, tant que je garde le cap. Alors je continue, résolue, un pas après l'autre.

Pendant des mois, j'ai partagé sur mon blog des sujets qui me tenaient à cœur, sans réel succès. Je réalise aujourd'hui que j'aurais dû commencer par identifier les préoccupations de mon audience, plutôt que de me focaliser sur les miennes.

J'ai pris l'habitude d'observer attentivement les questions que se posent mes lecteurs, leurs difficultés, leurs attentes. Je m'intéresse à leurs problématiques bien plus qu'aux miennes désormais. Et je conçois mes articles pour leur apporter des solutions.

Ce changement de perspective fait toute la différence. Je ne blogue plus pour moi, mais pour eux. Je ne cherche plus à convaincre, mais à aider. Cette approche bienveillante et tournée vers l'autre porte ses fruits.

Mes statistiques s'améliorent, les commentaires positifs affluent. Je ressens plus de satisfaction à créer du contenu vraiment utile. Et cela ne fait que commencer, car maintenant je suis sur la bonne voie, celle de la valeur ajoutée pour mes lecteurs.

C'est en m'intéressant à eux que je trouve enfin ma propre voie. Leur problème est devenu le mien et c'est ensemble que nous avançons vers des solutions. Je ne pourrai jamais assez les remercier de m'avoir ainsi transformée.

Pendant longtemps, je pensais que mes diplômes et qualifications étaient essentiels pour être crédible en ligne. Je croyais naïvement que les gens ne m'écouteraient pas sans ce « label » académique.

Quelle ne fut pas ma surprise de réaliser que mes lecteurs se soucient bien peu de mon parcours scolaire ! Ce qui les intéresse, c'est l'utilité concrète de mes conseils dans leur vie quotidienne.

Tant que mes articles et vidéos les aident à progresser, ils sont prêts à me suivre avec confiance, même sans titre ronflant. C'est la pertinence de mon contenu qui leur importe, bien plus que mes diplômes.

* * *

Cette prise de conscience a été très libératrice pour moi. J'ai compris que nous accordons souvent trop d'importance aux conventions et pas assez à l'essence même de ce que nous partageons. Ce qui compte vraiment, c'est d'apporter de la valeur ajoutée.

Alors aujourd'hui, je me concentre sur cet objectif. Et paradoxalement, plus j'oublie mes diplômes, plus mon public me fait confiance, car il ressent mon authenticité. C'est un cercle vertueux qui n'en finit pas de m'étonner et de m'inspirer.

Pendant longtemps, j'ai été paralysée par le syndrome de l'imposteur. Malgré mes efforts, je ne me sentais jamais à la hauteur. J'avais peur d'être démasquée comme une fraude, qu'on découvre mes lacunes.

Cette anxiété me poussait à surcompenser. Je travaillais d'arrache-pied pour combler mes supposés manques. Mais cela ne suffisait jamais à faire taire cette petite voix intérieure qui me rabaissait.

Aujourd'hui, je réalise à quel point ces craintes étaient infondées. Mes lecteurs, eux, ne remettent pas mes compétences en doute. Ils jugent mon travail uniquement à l'aune de sa valeur ajoutée concrète pour eux.

C'est cette gratitude qui m'a enfin libérée du syndrome de l'imposteur. Je n'ai plus besoin de prouver quoi que ce soit. Juste de continuer à partager ce qui peut aider, avec authenticité.

Les doutes sur moi-même se sont envolés. Seule compte la

bienveillance de ma communauté qui croit en moi. Je leur dédie tout mon travail, pleine de gratitude pour la confiance qu'ils m'accordent.

Auparavant, je pensais qu'il fallait que je sois une experte incontestable pour créer du contenu qui apporte de la valeur. Je me mettais une pression énorme pour toujours proposer des choses révolutionnaires.

Mais j'ai compris que ce n'était pas la bonne approche. En réalité, tout ce qui importe, c'est d'être juste un petit pas en avant par rapport à mon public. Juste assez pour pouvoir leur transmettre quelque chose qu'ils ne savaient pas encore.

Il ne s'agit pas d'être une spécialiste absolue. Mais simplement d'explorer de nouvelles idées, puis de les partager clairement une fois assimilées. C'est en cumulant tous ces petits pas que le voyage donnera lieu à quelque chose de précieux.

Cette perspective m'a beaucoup apaisée. Je n'ai plus besoin de tout savoir ni de tout maîtriser. Je dois juste garder ma curiosité bien vivante, avancer à mon rythme et partager ce que j'apprends. Le reste viendra naturellement, étape par étape.

C'est cette approche humble et régulière qui permet une véritable montée en compétences sur le long terme. Pas à pas, j'avance ainsi aux côtés de ma communauté pour explorer de nouveaux territoires ensemble.

Je me vois désormais comme une élève parmi les autres. Certains matins, je me lève juste un peu plus tôt pour lire en avance le chapitre prévu au programme de la journée.

* * *

Puis, arrivée en classe, je peux expliquer à mes camarades qui n'ont pas encore ouvert leur manuel ce que j'ai découvert. Pour eux, ces informations sont nouvelles et intéressantes.

Je ne suis pas meilleure élève qu'eux. J'ai juste la chance d'avoir un petit temps d'avance ce jour-là, que j'utilise pour partager. Le lendemain, ce sera peut-être l'un d'eux qui aura devancé ma lecture.

C'est cette alternance qui rend le voyage passionnant. Nous montons en compétences et en connaissances tous ensemble, chacun apportant ses découvertes aux autres à son rythme.

Cette analogie me motive énormément. Elle m'inspire à cultiver ma curiosité pour explorer de nouveaux concepts. Puis les transmettre simplement à ma communauté, comme je le ferais avec des camarades de classe bienveillants.

Petit à petit, mon entreprise en ligne commence à connaître le succès. Mes statistiques s'améliorent, ma communauté grandit. Je me rapproche lentement mais sûrement du statut des autorités que j'admirais autrefois.

Récemment, j'ai même eu l'honneur d'échanger avec certains de ces entrepreneurs accomplis que je prenais pour modèles. Et quelle ne fut pas ma surprise en découvrant qu'eux aussi sont passés par les mêmes étapes que moi !

Au début de leur carrière, ils avançaient à petits pas, comme je le fais actuellement. Ils ne cessaient de douter et de comparer leurs performances. Mais ils ont persévéré, en restant fidèles à leur vision.

* * *

Cette discussion a été très inspirante pour moi. J'ai réalisé que le succès n'arrive pas du jour au lendemain, même pour les plus grands. C'est le fruit d'un long parcours semé d'embûches, mais nourri par la passion.

Alors je garde espoir. Si mes modèles ont réussi en suivant le même chemin, je peux y arriver aussi. Je continuerai d'avancer prudemment, en savourant chaque petite victoire du quotidien. Le reste viendra en son temps.

En discutant avec certains entrepreneurs célèbres, j'ai été surprise d'apprendre que plusieurs ont été exclus de l'université, voire n'ont pas de diplôme du tout.

Pire, certains en font même un argument marketing, prétendant réussir « grâce à » leur manque de qualifications académiques. Ils cultivent une image d'anti-intellectuels et s'en vantent auprès de leur audience.

Au début, cette attitude m'a choquée. Mais finalement, leur parcours est une preuve éclatante que la réussite ne dépend pas des diplômes. S'ils peuvent enseigner à une large audience sans pedigree scolaire, moi aussi !

Cette prise de conscience m'a définitivement libérée de la peur d'être démasquée. Plus besoin de justifier ma légitimité par des titres ronflants. Seule compte la valeur de ce que j'apporte à ma communauté au quotidien.

Alors je laisse mon savoir-faire parler pour moi. Si même des décrocheurs autoproclamés peuvent réussir, je n'ai plus aucune raison de douter. Je suis enfin débarrassée de ce syndrome de l'imposteur qui me bridait. Désormais, j'avance sereine et confiante en moi-même.

<h1 style="text-align:center">5</h1>

Je suis encore loin d'être une experte en tout ce que je partage en ligne. Mais j'applique la règle des 20/80 : je me concentre sur les 20 % de conseils qui apporteront 80 % des résultats pour mon audience.

Plutôt que de viser l'exhaustivité, je sélectionne quelques notions clés, celles qui feront vraiment la différence. Puis je les présente de la manière la plus simple et actionnable possible.

Cette approche pragmatique porte ses fruits. Mon blog et mon business en ligne gagnent en visibilité. Ma communauté grandit, mes revenus aussi. Mais l'essentiel est ailleurs : dans la gratitude que me témoignent mes lecteurs.

Leur reconnaissance est le moteur qui me pousse à continuer de créer du contenu de qualité. Tant que je parviens à partager ces 20 % d'idées à fort impact positif, je sais que je suis sur la bonne voie.

Alors je garde le cap, résolue. Je n'ai pas besoin d'en savoir plus que nécessaire. Juste de distiller l'essentiel, en restant fidèle à mes valeurs. C'est ainsi que je compte poursuivre ce voyage, aux côtés de ma communauté bienveillante.

Plus ma présence en ligne prend de l'ampleur, plus les opportunités affluent. Mon audience n'a pas de frontières, je touche des lecteurs à travers le monde. Cette communauté globale me permet d'envisager un succès à une échelle que je n'imaginais pas.

Les revenus générés par mon site et mes produits digitaux ne cessent d'augmenter. Pour la première fois, je commence à entrevoir la possibilité de vivre confortablement de ma passion. Bien sûr, je reste prudente, consciente des aléas. Mais l'enthousiasme me gagne.

J'apprends à oser rêver plus grand, à envisager des projets ambitieux. Moi qui ai longtemps vécu modestement, je découvre un potentiel insoupçonné. C'est à la fois vertigineux et excitant.

Tout en restant fidèle à mes valeurs, je souhaite explorer cette voie inattendue qui s'ouvre à moi. Ma communauté mérite que je lui consacre tous mes efforts. En les aidant, je m'aide aussi à grandir chaque jour davantage.

Le sentiment de gratitude qui m'a aidée à stopper mes pensées envahissantes a également transformé d'autres aspects de ma vie. J'ai appris à voir les opportunités même dans les épreuves.

Par exemple, lorsque j'ai été licenciée il y a deux ans, ça a été un choc. Sur le coup, je l'ai très mal vécu. Mais avec le recul, je réalise maintenant que cela m'a poussée hors de ma zone de confort.

* * *

Sans ce déclic, je n'aurais probablement jamais trouvé le courage de me lancer dans l'autoentrepreneuriat et de vivre de ma passion. Alors, d'une certaine façon, je suis reconnaissante envers ceux qui m'ont renvoyée ce jour-là.

Cultiver la gratitude m'aide désormais à accueillir les changements. Même une porte qui se ferme peut en ouvrir de nouvelles, plus prometteuses. C'est en acceptant ce qui est que je peux avancer sereinement.

Avec le recul, je réalise que j'ai toujours eu ce potentiel entrepreneurial en moi. Seulement, il était enfoui sous mes pensées limitantes et mes doutes. J'avais besoin d'un électrochoc pour réveiller cette part de moi-même.

Mon licenciement a été ce déclic libérateur. En me forçant à sortir de ma zone de confort, il m'a permis de découvrir des ressources insoupçonnées. Celles-ci étaient latentes depuis longtemps, attendant juste le bon moment pour s'exprimer.

Je suis convaincue que beaucoup d'autres personnes ont, comme moi, des talents qui sommeillent au fond d'elles-mêmes. Faute d'occasion ou par manque de confiance, elles ne se sont pas encore autorisées à les explorer.

Mon parcours est la preuve qu'il n'est jamais trop tard pour se connecter à sa passion profonde. Il suffit parfois d'un concours de circonstances pour révéler notre potentiel. Lorsque cela arrive, il faut oser sauter le pas, malgré la peur.

C'est ce que j'espère transmettre à travers mon histoire. Qu'il faut croire en soi et saisir sa chance lorsqu'elle se présente. Alors seulement, on peut s'épanouir et devenir qui l'on est vraiment.

En discutant avec d'autres entrepreneurs en ligne, je me rends compte que nous avons tous connu un déclic qui nous a poussés à nous lancer. Pour moi, ce fut mon licenciement. Mais pour d'autres, ce peut être un échec scolaire.

L'un de mes nouveaux amis autoentrepreneurs a arrêté ses études très tôt. Sur le moment, il l'a vécu comme un drame personnel. Pourtant, avec le recul, il réalise que cet échec a été libérateur. Sans cela, il n'aurait pas exploré d'autres voies.

Aujourd'hui, il remercie la vie de ne pas l'avoir laissé s'enliser dans un parcours académique qui ne lui correspondait pas. Sortir du système scolaire traditionnel lui a permis de se connecter à sa véritable passion.

Nos histoires se répondent, même si les détails diffèrent. Pour lui comme pour moi, une déconvenue douloureuse s'est finalement révélée être une chance. Elle nous a contraints à sortir des rails tout tracés pour trouver notre propre chemin.

Cela me conforte dans l'idée que d'autres peuvent vivre la même révélation. Il suffit parfois d'un petit grain de sable dans les rouages pour que notre véritable destin se libère. Il faut alors oser lâcher prise et faire confiance à la vie.

En explorant l'histoire de grands entrepreneurs ou artistes, je retrouve souvent le même schéma. Beaucoup sont passés par un échec cuisant avant de connaître le succès.

Certains sont des immigrés venus avec rien, comme ces Juifs fuyant les pogroms de Russie pour tenter leur chance aux États-Unis. D'autres ont connu la pauvreté ou des problèmes de santé graves. Mais ils ont puisé dans ces épreuves une force insoupçonnée.

Après leurs revers, ils se sont relevés et ont construit des empires, créé des chefs-d'œuvre. Leur réussite a dépassé leurs rêves les plus fous. Pourtant, sans cette déconvenue initiale, ils seraient peut-être restés dans l'ombre.

Ces exemples m'inspirent. Ils prouvent que nul n'est condamné à rester au fond du trou. Même de la souffrance peut renaître la lumière, si l'on garde espoir et volonté.

Alors je ne baisse pas les bras. Mon histoire croise celles de tant d'hommes et de femmes ayant transformé l'échec en tremplin. C'est une lignée dont je suis fière de faire partie désormais.

Récemment, en lisant la biographie de J.K. Rowling, j'ai été frappée par les similarités avec mon parcours. Avant de créer Harry Potter, elle a traversé une période très sombre.

Elle était divorcée, seule avec sa fille, au bord de la pauvreté. Elle a touché le fond, mais c'est là qu'elle a puisé la force d'écrire. Harry Potter est né de ces années de galère comme un formidable pied de nez au destin.

Le succès phénoménal de ses livres a transformé son existence. De mère célibataire démunie, elle est devenue l'auteure de romans jeunesse les plus lus au monde.

Son histoire me parle particulièrement. Elle prouve que même dans la détresse la plus totale, il est possible de se relever. Les graines de notre futur accomplissement résident souvent dans nos heures les plus sombres.

* * *

Cet exemple m'inspire à persévérer, même quand tout semble perdu. Si J.K. Rowling a pu passer de l'obscurité à la lumière, d'autres le peuvent aussi, dont moi. Il suffit de continuer à mettre un pied devant l'autre avec courage et espoir.

Il y a quelques années, j'étais prisonnière de mes pensées négatives. Je ruminais sans fin, analysant chaque détail insignifiant. Cette suranalyse permanente m'épuisait, mais je ne parvenais pas à m'en extirper.

J'ai fini par reconnaître ces schémas mentaux qui me limitaient. J'ai aussi pris le temps d'identifier mes vraies valeurs, ce qui a simplifié mes prises de décisions. J'ai appris à accueillir mes émotions avec plus de recul, à cultiver la gratitude et l'empathie.

Aujourd'hui, je sais que même si je ne peux pas tout contrôler, je reste libre de choisir ma réaction face aux événements. Cette prise de conscience m'a libérée de ma propension à suranalysé. J'ai retrouvé confiance en moi et en la vie.

Désormais, je savoure pleinement les petites joies simples du quotidien, sans culpabilité. Je progresse sereinement, un pas après l'autre, en restant fidèle à moi-même. Mon histoire prouve qu'il est possible de se sortir du cercle vicieux de la rumination.

J'ai puisé en moi des ressources insoupçonnées pour traverser cette épreuve. Il suffit d'oser emprunter de nouveaux chemins et de croire en soi. Le bonheur n'est pas une destination lointaine, mais un chemin que l'on trace soi-même, jour après jour. Je l'ai compris et cela a transformé ma vie.

Table des chapitres

Les tourments d'Anne....1

La prise de conscience....7

Sur la voie de la guérison........14

Un nouvel épanouissement.....21

La confiance en soi ouvre toutes les portes...28